サイパー 国語読解の特訓シリーズ シリーズ三十九

十回音読と音読書写 2

＊文章読解の基礎
＊これだけで国語力アップ

視・聴・話・写 2×2 Route＋1
「R3 視話」と「R4 視写」の訓練

難易度					
受験番号	1	2	3	4	5
			↕	↕	

「ごんぎつね」 作・新美南吉

JN184893

もくじ

「十回音読と音読書写」について————2

このテキストのもっとも効果的な使い方————3

課題————8

解答————46

「十回音読と音読書写」について

音読（声を出して読むこと）をすることで、国語力が上がります。視力などに問題がない限り、一部（※）を除くほぼ全員の小学生が、正しく音読をすることで国語力を上げることができます。そのメカニズムについては、拙著「国語力のある子どもに育てる3つのルールと3つの方法」『受験国語』善悪論」（共にディスカヴァー・トゥエンティワン刊）をご一読下さい。

音読の訓練を正しくしていただければ、それだけでかなり国語力を上げることができます。私たちの学習教室「エム・アクセス」では、そういう明確な結果を出し続けています。進学塾で低学年から長く国語の勉強をしているのに、あるいはお家で読解問題をたくさん解いているのに、なかなか国語の成績が（国語の成績だけが）上がらない子どもをお持ちの親御さんにとって、正しい音読の訓練は、おそらく「たったこれだけで？」というほどの、信じられない結果を出すでしょう。

日本では昔から「素読」といって、音読をする訓練がなされてきました。どの言語においても、公教育における国語（語学）の授業では、音読は欠くべからざる重要な教授法の要素の一つです。文章を声に出して読むという行為が、国語力に大きな影響を与えていることは、ずっと以前から経験的にわかっていたことですし、近年ではその事実に科学的実証がなされてきています。

さらに音読をしながら、その文章を書き写す（音読書写）することは、より一層の効果があることもすでにわかっています。私のオリジナル「視・聴・話・写　2×2 Route+1」の国語指導技術（語学指導技術）の一部を、本書にも用いています。

国語力に伸び悩みを感じている、あるいはもう少しなんとか国語力を上げて合格を近づけたいとお考えの方は、ぜひこの「十回音読と音読書写」の訓練で、国語力の上昇を実感していただきたいと思います。

「サイベー国語読解の特訓シリーズ」編著　水島醉

※　例えば京大の文系二次入試問題の現代文の読解問題を、初見で、60〜70％正解する小学生。エム・アクセスでは、珍しいことではない。

このテキストの最も効果的な使い方

1．【十回音読】…8ページの「課題―の①【十回音読】」の1〜5行の文章（これは、私がことをしました。）を十回音読します（回数は十回以上でもかまいません）。音読した回数だけ、ページ左はしの「①②③…」の部分に色をぬりましょう。（※「R3視語」の訓練）

ポイント①　十回続けて音読すること。疲れた場合は数分間の休憩をはさんでもかまいませんが、「今日5回、二日後に5回」などという方法では、効果が薄くなります。その時に連続して十回読みましょう。

ポイント②　必ず親御さん（など）がそばにいて、**正しく読めているか**確認して、**正しく読み直し**するよう指導してください。

例．「太郎は昨日、東京のおばさんの家に行きました。おばさんの家で…」

★「**正しく読めているか**」とは

A　読み間違いがないか。
　「た×ろうがきのうとうきょうのおば×あさんのいえ×くいきました。…」

B　句点「。」でしっかり区切れている（一息、間を空けられている）か。
　×「…おばさんのいえにいきました×おばさんの…」
　○「…おばさんのいえにいきました　（間）　おばさんの…」

C　早口になっていないか。

D　ことばの発音が曖昧でないか。特に語尾の部分が消えていないか。
　　× 「だろうは きのう とうまきうの おばさんの いえに きま…」

E　文節以外の部分で区切っていないか。
　　× 「だろ うはき のうとう きょうの…」
　　○ 「だろうはきのう とうきょうのおばさんのいえに…」

★「正しく読み直しする指導」とは

A　子ども「だろうが きのう…」
　　親　　「だろうが？」〈注1〉
　　子ども（あっ）「はきのうとうきょうの…」
　　親　　「『は』だけ直さないで、少しもどってなおしましょう。」〈注2〉
　　子ども「だろうは きのうとうきょうの…」

ひらがなの読み間違いのような単純なミスの時は、〈注1〉のように、まちがった部分をそのまま強調して読み直して、本人に気付かせるようにします。

〈注2〉のように、まちがいは、まちがったその部分だけ直すのではなく、意味の通じるところまで少し戻って、聞いている人によくわかるように、ということを心がけて読ませます。

B　子ども「だろうは えーっと（漢字が読めない）」
　　親　　「きのう」〈注3〉
　　子ども「きのう とうきょうの…」
　　親　　「まちがったところだけなおさないで、少しもどって読みましょう。」〈注4〉
　　子ども「だろうはきのう とうきょうの…」

〈注3〉のように、漢字が読めないなどの場合は、すぐに正しい読みを教えてかまいません。

〈注4〉のように、まちがえば、まちがったその部分だけ直すのではなく、意味の通じるところまで少し戻って、聞いている人によくわかるように、ということを心がけて読ませます。

2．【音読書写】…【十回音読】をした翌日に、同じ文章を、声を出して読みながら、ノートに書き写しましょう。（※「R3視話」「R4視写」の訓練）

ノートおよび筆記用具をご用意ください。

ノートはマス目のもの、縦罫線のものをご使用ください。原稿用紙でもかまいません。マス目の大きさ、罫線の間隔は、子どもさんの書きやすいものを選んでいただければ結構です。

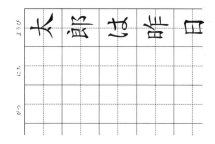 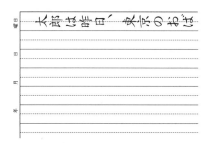

筆記用具は、筆圧をかけないで柔らかく書ける、濃いめの鉛筆がおすすめです。子供さんが使いやすいものをお選びください。子どもさんが使いやすければ、ボールペンや万年筆でもかまいません。

書きまちがった場合、その部分を抹消線で消して(例.まちがった部分)新たに書き直してください。鉛筆の場合はもちろん消しゴムで消してもかまいません。

```
太郎は昨日、東北 東京の
```

あとから書きまちがいに気づいた場合、空いている所に正しいものを書き直してかまいません。

```
      東京
太郎は昨日、東北のおば
```

```
            公園
太郎は昨日、東京のおば
さんたちと、外の公園で
は桜の花が満開で、ぼく
```

まだ習っていない漢字は、ひらがなで書いてもかまいません。

```
たろうはきのう、東京のおばさんの家に行
```

ゆっくりでかまわないので、ていねいに書きましょう。

ポイント、声を出して読みながら、同時に手を動かしてそれを書いていくこと。声を出すのと書き写すのを、同時に行うことが大切です。

3、【問題演習】…続いて「課題1の③【問題演習】」をしましょう。

まず、前日に音読した8ページ「課題1の①【十回音読】」の文章を読みながら(黙読でよい)、9ページ「課題1の③【問題演習】」の設問を解きます。その場で丸つけをしてあげてください。

この設問に対する回答は、「おおよそ」あっていれば「正解」としてあげてください。ここは、音読によって内容が読み取れているかの確認で、点数をつ

けるためのテストではないからです。

まちがいはその場で直しをさせます。
あまりまちがいの多い場合は、もう一度十回音読をさせましょう。
およそ正解である、あるいは全部直しができたら、次に進みます。

4．【十回音読】…右の　3【問題演習】をした翌日（あるいは二日後）、一〇ページの「課題二の①【十回音読】」の15行の文章（ある秋の、歩いていきました。）を十回音読します。

以下、同様にこなしていきましょう。

　　◆　　◆　　◆　　◆　　◆

右のようなペースで「十回音読と書写」シリーズを続けていただくと、およそ三カ月ぐらいで、国語や読書の苦手な子どもさんでも、本人が「読める！」という手応えをつかみます。また、半年程度で、テストの成績など、目に見える形で効果が現れてくるでしょう。それほどこの【十回音読】と【音読書写】とを続けていただくことは、国語力を上げるのに、たいへん高い効果があります。※【十回音読】と【音読書写】とは、国語力を上げる重要な訓練の一つです。

※「R3視話」「R4視写」…国語オリジナル指導法「視・聴・話・写　2×2route＋1」で用いている技法の一部です。「視（読む）」「聴（聴く）」「話（話す）」「写（書く）」の4つの機能と、それらをつなぐルートを鍛えることで、国語力が大幅に向上するという、水島醇の理論に基づくメソッドです。

※国語力を上げる高い効果を実感していただくためには、長文切り抜き問題（長い元文章の一部を切り抜いて、それに対して設問を与えている、よくある国語の問題集）をなさらないことをお勧めします。長文切り抜き問題は、国語力を上げないだけでなく、かえって国語力を低下させる可能性があるからです。

課題１の① 【十回音読】　　　　年　月　日

　これは、私が小さいときに、村の茂平というおじいさんからきいたお話です。
　むかしは、私たちの村の近くの、中山というところに小さなお城があって、中山さまというおとのさまがおられたそうです。
　その中山から、少しはなれた山の中に、「ア ごんぎつね」というきつねがいました。ごんは、ひとりぼっちの小ぎつねで、シダのいっぱいしげった森の中に穴をほって住んでいました。そして、夜でも昼でも、あたりの村へ出てきて、イ いたずらばかりしました。はたけへ入っていもをほりちらしたり、なたねがらの、ほしてあるのへ火をつけたり、百姓家の裏手につるしてあるトウガラシをむしりとっていったり、いろんなことをしました。

色をぬりましょう　読んだ回数まで

① ② ③ ④ ⑤ ⑥ ⑦ ⑧ ⑨ ⑩
⑪ ⑫ ⑬ ⑭ ⑮ ⑯ ⑰ ⑱ ⑲ ⑳

課題一の②【音読書写】　　　　　　　　　　年　　月　　日

１、８ページの文章を、声を出して読みながら、ノートなどに、正しく書き写しましょう。

正しく写せたら色をぬりましょう

課題一の③【問題演習】　　　　　　　　　　年　　月　　日

１、８ページ７行目のぼう線ア「こんきつね」とありますが、「こんきつね」は、どこに住んでいましたか。

　　┌─────────────────────────────────┐
　　│   │
　　│   │
　　└─────────────────────────────────┘

２、８ページ１１行目のぼう線イ「いたずら」とありますが、こんはどんないたずらをしましたか。三つこたえましょう。

①┌─────────────────────────────────┐
　│   │
　│   │
　└─────────────────────────────────┘

②┌─────────────────────────────────┐
　│   │
　│   │
　└─────────────────────────────────┘

③┌─────────────────────────────────┐
　│   │
　│   │
　└─────────────────────────────────┘

課題11の① 【十回音読】　　　　　　　　年　月　日

　ある 秋の ことでした。二、三日 雨が ふり
つづいた その間 ア ごんは、外へも 出られなく
て、穴の 中に しゃがんで いました。
　雨が あがると、ごんは ほっとして 穴から
はい出ました。空は からっと 晴れていて、も
ずの 声が きんきん ひびいて いました。
　ごんは、村の 小川の つつみまで 出てきまし
た。あたりの、すすきの 穂には、まだ 雨の し
ずくが 光って いました。川は、いつもは 水が
少ないのですが、三日もの 雨で、水が どっと
まして いました。ただの ときは 水に つかるこ
との ない、イ 川べりの すすきや、萩の かぶが、
黄色く にごった 水に 横だおしに なって、も
まれて います。ごんは 川下の 方へと、ぬかる
み道を 歩いて いきました。

色を読んだ回数までぬりましょう
① ② ③ ④ ⑤ ⑥ ⑦ ⑧ ⑨ ⑩
⑪ ⑫ ⑬ ⑭ ⑮ ⑯ ⑰ ⑱ ⑲ ⑳

課題二の②【音読書写】　　　　　　　　　　　　年　　月　　日

一、10ページの文章を、声を出して読みながら、ノートなどに正しく書き写しましょう。

正しく写せたら色を花にぬりましょう

正しく写きましょ

課題二の③【問題演習】　　　　　　　　　　　　年　　月　　日

一、10ページ2行目のぼう線ア「こんは、外くも出られなくて、穴の中にしゃがんでいました。」とありますが、どうしてこんは外く出られなかったのですか。

二、10ページ12行目のぼう線イ「川ぐりの…横だおしになって」とありますが、どうしてすすきや萩のかぶは、水に横だおしになっていたのですか。

三、10ページ14行目のぼう線ウ「ぬかるみ」とはどんなようすですか。
（辞書で調べてもよろしい。）

課題三の①【十回音読】　　　　　年　　月　　日

　ふと見ると、川の中にア人がいて、何かやっています。ごんは、見つからないように、そうっと草の深いところへ歩きよって、そこからじっとのぞいてみました。
　「兵十だな。」
と、ごんは思いました。兵十はぼろぼろの黒いきものをまくし上げて、腰のところまで水にひたりながら、魚をとる、はりきりという、網をゆすぶっていました。はちまきをした顔の横っちょうに、まるい萩の葉が一まい、大きなイほくろみたいにへばりついていました。
　しばらくすると、兵十は、はりきり網の一ばんうしろの、袋のようになったところを、水の中からもちあげました。

読んだ回数まで色をぬりましょう

① ② ③ ④ ⑤ ⑥ ⑦ ⑧ ⑨ ⑩
⑪ ⑫ ⑬ ⑭ ⑮ ⑯ ⑰ ⑱ ⑲ ⑳

課題三の②【音読書写】　　　　　　　　　　　年　　月　　日

一、12ページの文章を、声を出して読みながら、ノートなどに正しく書き写しましょう。

正しく写せたら色をぬりましょう

課題三の③【問題演習】　　　　　　　　　　　年　　月　　日

一、12ページ1行目のぼう線ア「人がいて」とありますが、「人」とはだれのことですか。

二、12ページ1行目のぼう線イ「ぼくらみたい」とありますが、このように「まるで…のようだ」という、あるものを別のものにたとえて表現することを「比喩」といいます。10ページの中に、イ「ぼくらみたい」以外にもう一ヶ所「比喩（たとえ）」の表現があります。その部分をさがして、答えましょう。

課題四の①【十回音読】

その中には、芝の根や、草の葉や、くさった木ぎれなどが、ごちゃごちゃはいっていました。

でも、ところどころ、白いものがきらきら光っています。それは、太いうなぎの腹や、大きなきすの腹でした。兵十は、びくの中のそのうなぎやきすを、ごみといっしょにぶちこみました。そして、またびくの口をしばって、水の中へ入れました。

兵十はそれから、びくをもって川から上がり、びくを土手においておいて、何をさがしにか、川上の方へかけていきました。

兵十がいなくなると、ごんは、ぴょいと草の中からとび出して、びくのそばへかけつけました。ちょいと、いたずらがしたくなったのです。

読んだ回数までの色をぬりましょう

① ② ③ ④ ⑤ ⑥ ⑦ ⑧ ⑨ ⑩
⑪ ⑫ ⑬ ⑭ ⑮ ⑯ ⑰ ⑱ ⑲ ⑳

課題四の②【音読書写】　　　　　　　　　年　月　日

1、14ページの文章を、声を出して読みながら、ノートなどに正しく書き写しましょう。

正しく写せたら
色をぬりましょう

課題四の③【問題演習】　　　　　　　　　年　月　日

1、14ページ8行目のぼう線ア「袋」とありますが、袋の中に入っていたものを、全て書きましょう。

（　　　　　　　　　　　　　　　　　　　　　　　　　　　　　　　　）

2、14ページ13行目のぼう線イ「じんは…かけつけました。」とありますが、どうしてじんは〜のそばにかけつけたのでしょうか。

（　　　　　　　　　　　　　　　　　　　　　　　　　　　　　　　　）

課題五の① 【十回音読】

　ごんは、びくの中の魚をつかみ出しては、はりきり網のかかっているところより下手の川の中を目がけて、ぽんぽんなげこみました。どの魚も「とぽん」と音を立てながら、にごった水の中へもぐりこみました。
　一ばんしまいに、太いうなぎをつかみにかかりましたが、なにしろぬるぬるとすぐぬけるので、手ではつかめません。ごんはじれったくなって、頭をびくの中につっこんで、うなぎの頭を口にくわえました。うなぎはキュッと言ってごんの首へまきつきました。そのとたんに兵十が、向こうから、
「うわァぬすと狐め。」
と、どなりたてました。

課題五の②【音読書写】　　　　　　　年　月　日

１、１６ページの文章を、声を出して読みながら、ノートなどに、正しく書き写しましょう。

正しく写せたら
色をぬりましょう

課題五の③【問題演習】　　　　　　　年　月　日

１、１６ページ１０行目のぼう線ア「うなぎの頭を口にくわえました。」とありますが、どうしてへびは「うなぎの頭を口にくわえ」たのですか。

２、１６ページ１０行目のぼう線イ「うなぎは、キョロンと言って」とありますが、どうして「うなぎは、キョロンと言っ」たのでしょうか。自分で想像して答えなさい。

課題六の① 【十回音読】

ア ごんは、びくりして とびあがりました。うなぎを ふりすてて にげようと しましたが、うなぎは、ごんの 首に まきついたまま はなれません。ごんは そのまま 横っとびに とび出して いっしょうけんめいに にげていきました。
　ほら穴の 近くの、はんの 木の 下で ふりかえって 見ましたが、兵十は 追っかけては 来ませんでした。
　ごんは、ほっとして うなぎの 頭を かみくだき、やっと はずして 穴の そとの、草の 葉の 上に のせておきました。

　十日ほど たって、ごんが 弥助という お百姓の 家の 裏を 通りかかりますと、イそこ の、いちじくの 木の かげで、弥助の 家内が、おはぐろを つけていました。

読んだ回数まで
色をぬりましょう

① ② ③ ④ ⑤ ⑥ ⑦ ⑧ ⑨ ⑩
⑪ ⑫ ⑬ ⑭ ⑮ ⑯ ⑰ ⑱ ⑲ ⑳

課題六の②【音読書写】　　　　　　　　　　年　　月　　日

一、一八ページの文章を、声を出して読みながら、ノートなどに正しく書き写しましょう。

正しく写せたら色をぬりましょう

正しく写せたよ！

課題六の③【問題演習】　　　　　　　　　　年　　月　　日

一、一八ページ一行目のぼう線ア「いくはくひく～ころべ」とありますが、どうして「いくはくひく～ころべ」たのですか。一六ページをよく読んで答えましょう。

[　　　　　　　　　　　　　　　　　　　　　　　　]

二、一八ページ１３行目のぼう線イ「それ」とはどれですか。

[　　　　　　　　　　　　　　　　　　　　　　　　]

課題七の① 【十回音読】

　かじ屋の新兵衛の家の裏を通ると、新兵衛の家内がア髪をすいていました。
ごんは、
「ふうん、村に何かあるんだな。」
と、思いました。
「何だろう、秋祭かな。祭なら、太鼓や笛の音がしそうなものだ。それに第一、イお宮にのぼりが立つはずだが。」
こんなことを考えながらやってきますと、いつの間にか、表に赤い井戸のある、兵十の家の前へ来ました。その小さな、こわれかけた家の中には、大勢の人があつまっていました。よそいきの着物を着て、腰に手ぬぐいをさげたりした女たちが、表のかまどで火をたいています。

読んだ回数まで色をぬりましょう

① ② ③ ④ ⑤ ⑥ ⑦ ⑧ ⑨ ⑩
⑪ ⑫ ⑬ ⑭ ⑮ ⑯ ⑰ ⑱ ⑲ ⑳

課題七の②【音読書写】　　　　　　　　　　　年　月　日

１、２０ページの文章を、声を出して読みながら、ノートなどに、正しく書き写しましょう。

正しく写せたら色をぬりましょう

課題七の③【問題演習】　　　　　　　　　　　年　月　日

１、２０ページ２行目のぼう線ア「髪をすいてもらいました」とありますが、「髪をすく」とは、どういう意味でしょうか。(辞書で調べてもよろしい。)

２、２０ページ７行目のぼう線イ「お宮」とは、何のことでしょうか。(辞書で調べてもよろしい。)

課題八の①【十回音読】

大きな なべの 中では、何か ぐずぐず 煮えて いました。
「ああ、葬式だ。」
と、ごんは 思いました。
「兵十の 家の だれが 死んだんだろう。」
お昼が すぎると、ごんは、村の 墓地へ 行って、六じぞうさんの かげに かくれて いました。いい お天気で、遠く 向こうには、お城の 屋根がわらが 光って います。
墓地には、ひがん花が、赤い きれの ように さきつづいて いました。と、村の 方から、カーン、カーン、と かねが 鳴って きました。葬式の 出る 合図です。
やがて、白い 着物を 着た 葬列の ものたちが やって くるのが、ちらちら 見えはじめました。

課題八の② 【音読書写】　　　　　　　　　年　　月　　日

一、22ページの文章を、声を出して読みながら、ノートなどに、正しく書き写しましょう。

正しく写せたら
色をぬりましょう

正しく
写せったら

課題八の③ 【問題演習】　　　　　　　　　年　　月　　日

一、このお話の季節は、いつごろですか。

二、その季節がわかる表現を22ページの中から探して、その部分を答えましょう。

課題九の①【十回音読】

　ア話し声も近くなりました。葬列は墓地へはいってきました。人々が通ったあとには、ひがん花が、ふみおられていました。
　ごんはのびあがって見ました。兵十が、白いかみしもをつけて、いはいをささげています。いつもは、赤いさつまいもみたいな元気のいい顔が、きょうは何だかしおれていました。
　「はは、死んだのは兵十のおっ母だ。」
　ごんはそう思いながら、イ頭をひっこめました。

　その晩、ごんは、穴の中で考えました。
　「兵十のおっ母は、床についていて、うなぎが食べたいと言ったにちがいない。それで兵十がはりきり網をもち出したんだ。

読んだ回数まで色をぬりましょう

①②③④⑤⑥⑦⑧⑨⑩
⑪⑫⑬⑭⑮⑯⑰⑱⑲⑳

課題九の②【音読書写】　　　　　　　年　　月　　日

1．24ページの文章を、声を出して読みながら、ノートなどに、正しく書き写しましょう。

正しく写せたら色をぬりましょう

課題九の③【問題演習】　　　　　　　年　　月　　日

1．24ページ1行目のぼう線ア「話し声も近くなりました」とありますが、これは具体的に（くわしく）言うとどういうことですが。次の【　】に合うようにことばを考えましょう。

【　　　　　】の人たちが、【　　　　　】のかくれている【　　　　　】の方へ近づいてきたということ。

2．24ページ9行目のぼう線イ「頭をひっこめました」とありますが、どうしてたぬきは「頭をひっこめ」たのでしょうか。自分で考えて答えましょう。

課題十の① 【十回音読】

ところが、わしがいたずらをしてうなぎをにがしてしまった。だから兵十は、おっ母にうなぎを食べさせることができなかった。そのままおっ母は、死んじゃったにちがいない。ああ、うなぎが食べたい、うなぎが食べたいとおもいながら、死んだんだろう。ちょッ、あんないたずらをしなけりゃよかった。」

兵十が、赤い井戸のところで、麦をといいました。

兵十は今まで、おっ母と二人きりで、貧しいくらしをしていました。だから、おっ母が死んでしまっては、もう一人ぼっちでした。

「おれと同じ一人ぼっちの兵十か。」

ごんは、物置の後ろから見ていたごんは、そう思いました。

読んだ回数まで色をぬりましょう

① ② ③ ④ ⑤ ⑥ ⑦ ⑧ ⑨ ⑩
⑪ ⑫ ⑬ ⑭ ⑮ ⑯ ⑰ ⑱ ⑲ ⑳

課題十の②【音読書写】　　　　　　　　　　　年　　月　　日

1、26ページの文章を、声を出して読みながら、ノートなどに、正しく書き写しましょう。

正しく写せたら色をぬりましょう

課題十の③【問題演習】　　　　　　　　　　　年　　月　　日

1、26ページ1行目のぼう線ア「わし」とはだれのことですか。

2、26ページ15行目のぼう線イ「そう思いました。」とありますが、だれはどう思ったのですか。同じページより**書きぬいて**答えましょう。

(「書きぬき」「ぬき書き」「そのまま」などと指示されている場合は、文中よりさがして、一字一句そのまま書かなければなりません。漢字は漢字、ひらがなはひらがな、カタカナはカタカナのまま。句読点(、や。)が途中にある場合はそれも書きます。)

ごんは、物おきのそばをはなれて、向こうへ行きかけますと、どこかで、いわしを売る声がします。

「いわしのやす売りだアい。いきのいいいわしだアい。」

 ごんは、そのア いせいのいい声のする 方へ走っていきました。と、弥助のおかみさんが、裏戸口から、

「いわしをおくれ。」

と言いました。

 いわし売りは、いわしのかごをつんだ車を道ばたにおいて、ぴかぴか光るいわしを両手でつかんで、弥助の家の中へもっていきました。ごんはイ そのすきまに、かごの中から、五、六ぴきのいわしをつかみ出して、もと来た方へかけだしました。

読んだ回数まで色をぬりましょう

① ② ③ ④ ⑤ ⑥ ⑦ ⑧ ⑨ ⑩
⑪ ⑫ ⑬ ⑭ ⑮ ⑯ ⑰ ⑱ ⑲ ⑳

課題十一の②【音読書写】　　　　　　　　年　月　日

一、28ページの文章を、声を出して読みながら、ノートなどに、正しく書き写しましょう。

正しく写せたら色をぬりましょう

課題十一の③【問題演習】　　　　　　　　年　月　日

一、28ページ6行目のぼう線ア「らせらのいい声」とは、どんな声ですか。もっともふさわしいものを、次のあ〜おから選んで、記号で答えましょう。

あ　もれるだけいいちょうな声
い　人をおどかすような声
う　元気いっぱいの声
え　さわやかな声
お　遠くまでよく通る声

二、28ページ14行目のぼう線イ「そのすきま」の「その」は何を指していますか。次の【　】に合うように答えましょう。

【　　　　　　　】が【　　　　　　　】を
【　　　　　　　】の家の中く
【　　　　　　　　　　　】すきま。

そして、ア兵十の家の裏口から、家の中へくりを置いて投げこんで、穴へ向かってかけもどりました。途中の坂の上でふりかえって見ますと、兵十がまだ、井戸のところでイ麦をといでいるのが小さく見えました。

　ごんは、うなぎのつぐないに、まず一つ、いいことをしたと思いました。

　つぎの日には、ごんは山で栗をどっさりひろって、それをかかえて兵十の家へいきました。裏口からのぞいてみますと、兵十は、昼飯をたべかけて、ちゃわんをもったまま、ぼんやりと考えこんでいました。へんなことには兵十のほっぺたに、かすりきずがついています。どうしただろうと、ごんが思っていますと、兵十がひとりごとをいいました。

読んだ回数まで色をぬりましょう

① ② ③ ④ ⑤ ⑥ ⑦ ⑧ ⑨ ⑩
⑪ ⑫ ⑬ ⑭ ⑮ ⑯ ⑰ ⑱ ⑲ ⑳

課題十二の②【音読書写】　　　　　　　年　月　日

一、30ページの文章を、声を出して読みながら、ノートなどに正しく書き写しましょう。

正しく写せたら色をぬりましょう

課題十二の③【問題演習】　　　　　　　年　月　日

一、30ページ1行目のぼう線ア「兵十の家の裏口から、家の中へいわしを投げこんで」とありますが、「ごん」は何のために「兵十の家の中へいわしを投げこん」だのですか。その理由をあらわす一文を同じページよりさがして、**書きぬいて**答えましょう。

| |
| |
| |
| |

（「書きぬき」「ぬき書き」「そのまま」などと指示されている場合は、文中よりさがして、一字一句そのまま書かなければなりません。漢字は漢字、ひらがなはひらがな、カタカナはカタカナのまま。句読点（、。や「」）が途中にある場合はそれも書きます。）

二、30ページ4行目のぼう線イ「麦をといでいる」とありますが、ここで言う「とぐ」とはどういう意味ですか。（辞書で調べてもよろしい。）

| |
| |
| |
| |

「いったい だれが いわしなんかを おれの家へ ほうりこんだんだろう。おかげで おれは、ぬすびとと 思われて、いわし屋の やつに ひどい目に あわされた。」
と、アぶつぶつ 言っています。
ごんは、これは しまったと 思いました。かわいそうに 兵十は、いわし屋に ぶんなぐられて、あんな きずまで つけられたのか。ごんは こう おもいながら、そっと 物おきの 方へ まわって、イその入口に、栗を おいて かえりました。
つぎの 日も、そのつぎの 日も ごんは、栗を ひろっては、兵十の家へ もっていってやりました。そのつぎの 日には、栗ばかりでなく、まつたけも 二、三本 もっていきました。

読んだ回数まで色をぬりましょう

① ② ③ ④ ⑤ ⑥ ⑦ ⑧ ⑨ ⑩
⑪ ⑫ ⑬ ⑭ ⑮ ⑯ ⑰ ⑱ ⑲ ⑳

課題十三の②【音読書写】　　　　　年　月　日

一、32ページの文章を、声を出して読みながら、ノートなどに正しく書き写しましょう。

正しく写せたら色をぬりましょう

課題十三の③【問題演習】　　　　　年　月　日

一、32ページ5行目のぼう線ア「ぶつぶつ言っています」とありますが、「ぶつぶつ言って」いるのはだれですか。

二、32ページ10行目のぼう線イ「その入口」の「その」は何をさしていますか。同じページより書きぬいて答えましょう。

（「書きぬき」「ぬき書き」「そのまま」などと指示されている場合は、文中よりさがして、一字一句そのまま書かなければなりません。漢字は漢字、ひらがなはひらがな、カタカナはカタカナのまま。句読点（、や。）が途中にある場合はそれも書きます。）

課題十四の① 【十回音読】

ア 月のいい晩でした。兵十は、ぶらぶらあそびに出かけました。中山さまのお城の下を通って、すこし行くと、細い道の向こうから、だれか来るようです。話し声が聞こえます。チンチロリン、チンチロリンと松虫が鳴いています。

兵十は、道の片がわにかくれてじっとしていました。話し声はだんだん近くなりました。それは、兵十と加助というお百姓でした。

「そうそう、なあ加助。」

と、兵十がいいました。

「ああん？」

「おれあ、このごろ、とても、ふしぎなことがあるんだ。」

「イ 何が？」

色をぬりましょう 読んだ回数まで

① ② ③ ④ ⑤ ⑥ ⑦ ⑧ ⑨ ⑩
⑪ ⑫ ⑬ ⑭ ⑮ ⑯ ⑰ ⑱ ⑲ ⑳

課題十四の②【音読書写】　　　　　　　　　　年　　月　　日

一、34ページの文章を、声を出して読みながら、ノートなどに、正しく書き写しましょう。

正しく写せたら色をぬりましょう

課題十四の③【問題演習】　　　　　　　　　　年　　月　　日

一、34ページ1行目のぼう線ア「月のこい晩」とありますが、「月のこい」とは、どういう意味ですか。もっともふさわしいものを、次のあ〜おから選んで、記号で答えましょう。

あ　月が美しい
い　月が三日月で
う　月がそろそろのぼりそうな
え　月が見えない（新月の）
お　月がくもらない

□

二、34ページ15行目のぼう線イ「何が？」とありますが、これはだれの言ったことばですか。

課題十五の① 【十回音読】

ア「おっ母が死んでからは、だれだか知らんが、おれに栗やまつたけなんかを、まいにちまいにちくれるんだよ。」
「ふうん、だれが？」
「それがわからんのだよ。おれの知らんうちに、おいていくんだ。」
ごんは、ふたりのあとをつけていきました。
「ほんとかい？」
「ほんとだとも。うそと思うなら、あした見に来いよ。その栗を見せてやるよ。」
「へえ、イへんなこともあるもんだなあ。」
それなり、二人はだまって歩いていきました。
加助がひょいと、後ろを見ました。ごんはびくっとして、小さくなってたちどまりました。加助はごんに気がつかないで、そのまま歩いていきました。

読んだ回数まで色をぬりましょう
①②③④⑤⑥⑦⑧⑨⑩
⑪⑫⑬⑭⑮⑯⑰⑱⑲⑳

課題十五の②【音読書写】　　　　　年　月　日

１、３６ページの文章を、声を出して読みながら、ノートなどに、正しく書き写しましょう。

正しく写せたら色をぬりましょう

課題十五の③【問題演習】　　　　　年　月　日

１、３６ページ２行目のぼう線ア「おれ」とはだれのことですか。

２、３６ページ１１行目のぼう線イ「くんこと」とありますが、「くんこと」とはどんなことですか。「…こと。」につながるように文中のことばをつかって答えましょう。

　　　　　　　　　　　　　　　　　　　　　　　　　　　　　こと。

（「文中のことばをつかって」など指示されている場合は、できるだけ文中にあることばをつかって答えるようにします。「書きぬき」ではありませんので、全く同じに書く必要はありません。自分でうまくかえたり、つないだりしてもよろしい。）

課題十六の① 【十回音読】

吉兵衛というお百姓の家まで来ると、二人はそっくはいっていきました。ポンポンポンと木魚の音がしています。窓のしょうじにあかりがさしていて、大きなぼう頭がうつって動いていました。ごんは、

「おねんぶつがあるんだな。」

と思いながら井戸のそばにしゃがんでいました。しばらくすると、また三人ほど人がつれだって吉兵衛の家へはいっていきました。お経を読む声がきこえてきました。

ごんは、おねんぶつがすむまで、井戸のそばにしゃがんでいました。

兵十と加助は、またいっしょにかえっていきます。ごんは、二人の話をきこうと思って、ついて行きました。兵十のかげぼうしをふみふみ行きました。

読んだ回数まで色をぬりましょう

① ② ③ ④ ⑤ ⑥ ⑦ ⑧ ⑨ ⑩
⑪ ⑫ ⑬ ⑭ ⑮ ⑯ ⑰ ⑱ ⑲ ⑳

課題十六の② 【音読書写】　年　月　日

1、38ページの文章を、声を出して読みながら、ノートなどに正しく書き写しましょう。

正しく写せたら色をぬりましょう

課題十六の③ 【問題演習】　年　月　日

1、38ページ2行目のぼう線ア「それ」とはどこですか。同じページより書きぬいて答えましょう。

2、38ページ6行目のぼう線イ「おねんぶつ」とは「仏様のすがたを思いうかべたり、仏様のことばを口に出してとなえること」です。この「おねんぶつ」と同じ意味で使われていることばを同じページよりさがして、書きぬいて答えましょう。

（「書きぬき」「ぬき書き」「そのまま」など指示されている場合は、文中よりさがして、一字一句そのまま書かなければなりません。漢字は漢字、ひらがなはひらがな、カタカナはカタカナのまま。句読点（、や。）が途中にある場合はそれも書きます。）

お城の　前まで　来たとき、加助が　言い出しました。

「アさっきの　話は、きっと、そりゃあ、神さまの　しわざだぞ。」

「えっ？」

と、兵十は　びっくりして、加助の　顔を　見ました。

「おれは、あれから　ずっと　考えていたが、どうも、イそりゃあ、人間じゃない、神さまだ。神さまが、お前が　たった一人に　なったのを　あわれに　思わっしゃって、いろんなものを　めぐんで　くださるんだよ。」

「そうかなあ。」

「そうだとも。だから、まいにち　神さまに　お礼を　言うが　いいよ。」

「うん。」

課題十七の② 【音読書写】　　　　年　月　日

1. 40ページの文章を、声を出して読みながら、ノートなどに正しく書き写しましょう。

正しく写せたら色をぬりましょう

課題十七の③ 【問題演習】　　　　年　月　日

1. 40ページ3行目のぼう線ア「もっとの話」とは、どんな話でしたか。「…話。」につながるように考えて答えましょう。

話。

2. 40ページ9行目のぼう線イ「それ」が指している内容を考えて答えましょう。

課題十八の① 【十回音読】

ごんは、くりやまつたけを持っていって、兵十の家の裏口から、こっそり中へ入りました。

そのとき兵十は、ふと顔をあげました。と、きつねが家の中へ入ったではありませんか。こないだ、うなぎをぬすみやがった、あのごんぎつねがまたいたずらをしに来たな。

「ようし。」

ごんは、「へえ、こいつはつまらないな」と思いました。おれが栗やまつたけを持っていってやるのに、そのおれにはお礼を言わないで、神さまにお礼を言うんじゃあ、おれは、引き合わないなあ。

そのあくる日も、ごんは、栗をもって兵十の家へ出かけました。兵十は物置で縄をなっていました。それでごんは家の

5

10

15

色をぬりましょう 読んだ回数まで

① ② ③ ④ ⑤ ⑥ ⑦ ⑧ ⑨ ⑩
⑪ ⑫ ⑬ ⑭ ⑮ ⑯ ⑰ ⑱ ⑲ ⑳

課題十八の②【音読書写】　　　年　月　日

1、42ページの文章を、声を出して読みながら、ノートなどに正しく書き写しましょう。

正しく写せたら色をぬりましょう

課題十八の③【問題演習】　　　年　月　日

1、42ページ4行目のぼう線ア「引き合わない」とありますが、「引き合う」とはここでは、どういう意味でしょうか。もっともふさわしいものを、次のあ〜おから選んで、記号で答えましょう。

あ、おたがいに、引っぱり合う。
い、お金のかんじょうが合う。
う、おたがい助け合う。
え、交代に何かをする。
お、努力のかいがある。

2、42ページ8行目のぼう線イ「縄をなっていました」とありますが、「縄をなう」とはどういう意味でしょうか。もっともふさわしいものを、次のあ〜おから選んで、記号で答えましょう。

あ、縄を作る。
い、縄を切る。
う、縄をつなぐ。
え、縄をほどく。
お、縄をばらばらにさく。

課題十九の① 【十回音読】　　　　　年　月　日

　兵十は 立ちあがって、納屋に かけてある 火縄銃を とって、火薬を つめました。

　そして 足音を しのばせて 近よって、今 戸口を 出ようとする ごんを ドンと、うちました。ごんは、ばたりと たおれました。兵十は かけよってきました。家の中を 見ると、土間に 栗が、かためて おいてあるのが 目に つきました。

　「おや。」

と 兵十は、びっくりして ごんに 目を 落としました。

　「ごん、お前だったのか。いつも 栗を くれたのは。」

　ごんは、ぐったりと 目を つぶったまま、うなずきました。

　ア　兵十は 火縄銃を、ばたりと とり落としました。青い けむりが、まだ つつ口から 細く 出ていました。

①②③④⑤⑥⑦⑧⑨⑩
⑪⑫⑬⑭⑮⑯⑰⑱⑲⑳

読んだ回数まで色をぬりましょう

課題十九の②【音読書写】　　　年　月　日

１、４４ページの文章を、声を出して読みながら、ノートなどに正しく書き写しましょう。

正しく写せたら色をぬりましょう

課題十九の③【問題演習】　　　年　月　日

１、４４ページ１５行目のぼう線ア「兵十は火縄銃をばたりと落としました」とありますが、その時の兵十の気持ちを自分で考えて答えましょう。

解答1

【問題演習】の解答

9ページ
課題一の③【問題演習】
一 例．シダのいっぱいしげった森の中（の穴）。
二 ① 例．（畑くずして）いもをほりちらす。
　② 例．なたねがらのほしてあるのへ火をつける。
　③ 例．(百姓家の裏手につるしてある)とうがらしをむしりとっていく。

11ページ
課題二の③【問題演習】
一 例．二、三日雨がふりつづいていたから。（ので。ため。）
二 例．三日もの雨で、水がどっとましていたから。（ので。ため。）
三 例．雨や雪解け水などで、地面の土などがどろどろになっている月です。

13ページ
課題三の③【問題演習】
一 兵十
二 例．袋のように（なったところ）

15ページ
課題四の③【問題演習】
一 例．芝の根 草の葉 くさった木ぎれ うなぎ きす （△ごみ）
二 例．ちょいといたずらがしたくなったので。（から。ため。）

17ページ
課題五の③【問題演習】
一 例．うなぎがぬるぬるして手ではつかめなかったから。（ので。ため。）
　うなぎがぬるぬるして手ではつかめなくて、それったくなったから。

解答 2

17ページ

課題五の③【問題演習】

二 例 くるしかった・痛かった・びっくりした・にげようと思った **から**。
（ので。 ため。）

19ページ

課題六の③【問題演習】

一 例 いたずらを、兵十に気づかれた**から**。
　　　急に兵十にどなられた**から**。（ので。 ため。）

二 例 弥助というお百姓の家（の裏）。

21ページ

課題七の③【問題演習】

一 例 くしなどで、髪をとかすこと。

二 例 神社。

23ページ

課題八の③【問題演習】

一 例 秋。

二 例 （墓地には）、ひがん花が、赤いきれのようにさきつづいていました。

25ページ

課題九の③【問題演習】

一 例 【 葬列 】の人たちが、【 ごん 】
のかくれている【 ひがん花 】の方へ
近づいてきたということ。

二 例 兵十（葬列の人々）に見つからないようにする**ため**。（から。 ので。）

解答3

27ページ

課題十の③【問題演習】

一 例、うな(うなぎつね)

二 「おれと同じ一人ぼっちの兵十か。」
　おれと同じ一人ぼっちの兵十か。
　おれと同じ一人ぼっちの兵十か。　（三つのうちのいずれか）

29ページ

課題十一の③【問題演習】

一 う

二 例、【 いわし売り 】が【 いわし 】を
　　　【 弥助 】の家の中へ
　　　【 もって入っている 】すきまに。

31ページ

課題十二の③【問題演習】

一 （うなぎの）つぐない（に）

二 例、主に米や麦や豆など穀物類を、水の中でこするようにして洗うこと。

33ページ

課題十三の③【問題演習】

一 兵十

二 物おき

35ページ

課題十四の③【問題演習】

一 あ

二 加助

解答4

37ページ

課題十五の③【問題演習】
一　兵十
二　例：（おっ母が死んでからは）だれだか知らんが兵十に栗やまつたけをくれる［こと］。

39ページ

課題十六の③【問題演習】
一　吉兵衛というお百姓の家
二　お経

41ページ

課題十七の③【問題演習】
一　例：だれかが兵十に栗やまつたけをくれる［話］。
二　例：兵十に栗やまつたけをくれる者（人・だれか）。

43ページ

課題十八の③【問題演習】
一　お
二　あ

45ページ

課題十九の③【問題演習】
一　ごんに対して申し訳ない
　　まちがったこと・取り返しのつかないことをした後悔
　　自責の念
　　などが、自分の言葉で書けていれば〇

M.access 学ぶの理念

☆学びたいという気持ちが大切です
勉強を強制されていると感じているのではなく、心から学びたいと思っていることが、子どもを伸ばします。

☆意味を理解し納得する事が学びです
たとえば、公式を丸暗記して当てはめて解くのは正しい姿勢ではありません。意味を理解し納得するまで考えることが本当の学習です。

☆学ぶには生きた経験が必要です
家の手伝い、スポーツ、友人関係、近所付き合いや学校生活をしっかりできて、「学び」の姿勢は育ちます。
生きた経験を伴いながら、学びたいという心を持ち、意味を理解、納得する学習をすれば、負担を感じるほどの多くの問題をこなさなくとも、子どもたちはそれぞれの目標を達成することができます。

発刊のことば

「生きてゆく」ということは、道のない道を歩いて行くようなものです。「答」のない問題を解くようなものです。今まで人はみんなそれぞれに道のない道を歩き、「答」のない問題を解いてきました。

子どもたちの未来にも、定まった「答」はありません。もちろん「解き方」や「公式」もありません。

私たちの後を継いで世界の明日を支えてゆく彼らにもっとも必要な、そして今、社会でもっとも求められている力は、この「解き方」も「公式」も「答」すらもない問題を解いてゆく力ではないでしょうか。

人間のはるかに及ばない、素晴らしい速さで計算を行うコンピューターでさえ、「解き方」のない問題を解く力はありません。特にこれからの人間に求められているのは、「解き方」も「公式」も「答」もない問題を解いてゆく力であると、私たちは確信しています。

M.accessの教材が、これからの社会を支え、新しい世界を創造してゆく子どもたちの成長に、少しでも役立つことを願ってやみません。

国語読解の特訓シリーズ
シリーズ三十九　十回音読と音読書写 2 「ごんぎつね」

初版　第二刷
編集者　M.access（エム・アクセス）
発行所　株式会社 認知工学
〒604-8155 京都市中京区錦小路烏丸西入ル占出山町308
電話 （075）256-7723　email：ninchi@sch.jp
郵便振替 01080-9-19362 株式会社認知工学

ISBN978-4-901705-74-5　C-6381　N390220C　M

定価＝本体五〇〇円＋税